POEZII PENTRU INIMA TA

Volumul VI

"O carte ieșită la lumina zilei, descrie sufletul celui care-o scrie" - Ștefania Rotariu.

Ștefania Rotariu

Published by Dolman Scott in 2024

Copyright ©2024 Stefania Rotariu

ISBN:
978-1-915351-39-5

DolmanScott
www.dolmanscott.com

A căzut primul fulg

A căzut primul fulg de nea,
O, ce bucurie!
Spre cer am ridicat privirea,
Mulțumind pentru acea minune.

Și apoi fulgii s-au pornit,
Acoperind casele din sate,
Copiii i-au îngrămădit,
Peste săniile adunate.

Acolo sus pe-un derdeluș,
Este gălăgie mare,
Copiii fac mâna căuș,
Cu bulgări să le arunce-n zare.

Frumuseți și bucurii,
Toate îmblânzesc natura,
Pâlcurile de copii,
Strigă și se dau de-a dura.

Am și eu parcă un dor,
Să m-alătur l-acea zarvă,
Să pornesc cu ei în zbor,
Pe o sanie în grabă.

Dar văd c-am lăsat demult,
Starea mea copilăroasă,
Într-o lume ce-a trecut
Și era tare frumoasă!

Mă aplec încetișor,
Să fac bulgări de zăpadă,
Privind la un trecător,
Care-mi zâmbește în grabă.

Și strâng bulgărele-n mână,
Gust din el ca altădată,
Are gust de apă sfântă,
Când buzele mi le adapă.

Ale lor sunt toate

Toate, toate-s ale lor,
Pământuri și codrii,
Viile, moșiile, onor,
Ale țării bogății.

Noi ce mai avem?
Biruri peste biruri
Și copii creștem,
Zbătându-ne în chinuri?

De veacuri ne-au tot muncit,
Ei trăgând foloase,
Aceeași ciocoi ce-au lovit,
Zdrobind ale slugilor oase.

Ale lor sunt toate,
Care sunt sub soare,
Ei decid și lor li se împarte,
Munca izvorâtă din sudoare.

Am pierdut o țară

Am pierdut o țară închiriată,
De la străbunii noștri ce-au murit,
Luptând ca noi să avem o vatră,
Cu prețul vieților când s-au jertfit.

Dobânda să le-o dăm vreodată,
Acelor sfinți ce viețile și-au dat,
N-avem, nu poate fi ea măsurată,
Cu banii nemunciți ce i-am luat.

Deschis-am porțile să vină,
Toți ce-au osândit țara cândva,
Această țară făr de-o vină,
Având doar vina de a exista.

Ei au luat tot cât puteau s-adune,
Cu mâinile-nmuiate în trădare,
Lăsând o țară făr de nume,
Visând să-i mute și ale ei hotare.

Atât ne-a mai rămas

Atât de mult ne-a mai rămas,
Să facem către Dumnezeu un pas,
Un singur pas și-o rugăciune,
Pe calea lui adânc ne-or pune.

E mult, puțin chiar pentru noi,
Să mergem înainte și nu înapoi,
Pe drumul care duce-n locurile sfinte,
Cu stărunință și c-o mare rugăminte.

Că Dumnezeu încă așteaptă,
Credința noastră-n dreapta-i judecată
Și-n fața lui pioși să ne plecăm,
Credință veșnică să-i închinăm.

Bunicii noștri spuneau odată

Bunicii noștri spuneau odată,
Că munții noștri aur poartă
Și noi de atâția ani am tot crezut,
Însă acel aur nu l-am mai văzut.

Că munții noștri aur poartă,
Iar noi cerșim din poartă-n poartă,
De-atâta timp ne-am lămurit,
C-am fost furați și ne-au mințit.

Poate cârmacii vândut-au acel aur
Și marele țării tezaur,
Că noi în sărăcie de mult rătăcim,
Crezând în aurul de care auzim.

Și auzind că ești bogat,
Iar tu trăiești amanetat,
Tu poți să stai cu conștiința trează,
Știind că hoții te trădează?

Campionul

Era odată un campion,
Care striga mereu:"Slavă!"
Prin lume el cerșea de zor,
Cerând să i se dea o armă.

Și multe arme i s-au dat,
Aplauze, strigăte multe,
Popoare i s-au închinat,
Era numit erou de frunte.

Când el intra pe undeva,
I se plecau cu mic, cu mare
Și nici-o față regească n-avea,
Atâta faimă și atâta cătare.

Dar ce era acest bufon?
Un actoraș plătit de alții,
Să-și joace prăpăditul rol,
Vânzând orice să-și ia arginții.

Casa părintească

Casa părintească nu se vinde,
Nici amintirile ei nu se vând,
Acolo inima șade fierbinte,
Pe așezământul nostru sfânt.

Poarta ei veșnic deschisă fie,
Pentru cei ce pragu-i calcă,
S-aducă multă bucurie,
Așa cum se-ntâmpla odată.

Acolo bucuroși să vă-ntâlniți,
Să depănați din amintirile trecute
Și-n bucurie să vă odihniți,
Că doar acolo-s fericiri prea multe.

Casa părintească s-o cinstiți,
Cu lacrimi sfinte s-o spălați,
Atunci când n-or mai fi acei părinți
Și inima în doliu o-mbrăcați.

Nimic să nu schimbați,
Din casa sfântă, părintească,
Pe bani să n-o amanetați,
Căci ea e vatra strămoșească.

Acolo rădăcinile și-au pus,
Părinții voștri dragi și sfinți,
Trăind în lume cu un rost,
Să știe că voi sunteți fericiți.

Căsuța mică de la țară

În căsuța mică de la țară,
Așezată-n vârf de munte,
Acolo era viață odinioară
Și mirosea a ceai de fructe.

Copiii jucăuși se aruncau pe patul,
Ce încăpător aduna trupuri,
Îngrămădiți și unul peste altul,
În somn își împărțeau la ghionturi.

Apoi de dimineață bucuroși,
Săreau din patul mic, călduț,
Spălându-se cu apă rece peste ochi,
Ieșeau pe uliță desculți.

Așa mergeau vara la școală,
Copiii care peste vremi s-au stins,
Cu ei s-a ridicat a noastră țară
Și niciodată nu s-au plâns.

<h1 style="text-align:center">Când copilul nu te sună</h1>

Când copilul nu te sună,
Acela nu-i al tău copil,
Iar de nu-ți vorbește-o lună,
În fața lui nu sta umil.

Copilul ce știe a căuta
Iubirea, dorul de-a sa mamă,
Abia așteaptă ziua,
Să plece ca s-o vadă.

Iar dacă ai voștri copii,
Nu prețuiesc ce dar le-ați dat,
Trăind cu greu și poate-n datorii,
Să creșteți un copil ce v-a uitat.

Atunci să credeți că n-aveți copii,
Că altora li s-a întâmplat,
Să nu mai faceți datorii,
De viața-n greutăți i-a aruncat.

Trăiți, de parcă singuri ați trăi,
Dați bucurii anilor voștri ce-au rămas,
Fiți voi proprii voștri copii
Și-n bucurii trăiți ultimul ceas.

Când ții pământul țării

Când ții pământul țării-n mână,
Pamânt iubit cu atâta trudă,
De cei ce și-au vărsat sânge-n țărână,
Luptând pentru o viață mai bună.

Atunci simți că tu ești român,
Că mângâind țărâna de strămoși lăsată,
Simți sufletul acelui străbun,
Inima lui cea sfântă și curată.

Pământul țării nu-i orice pământ,
El este trup din tine parte,
E-atât de scump și-atât de sfânt,
Că-n el te-i odihni când te-i întoarce.

Cât veţi mai visa?

Cât veţi mai visa, români,
Cuprinşi de somnul veşniciei?
Cât veţi suporta stăpâni,
Cu laţul strâns al slugărniciei?

Că ciocoii sunt parcă mai mulţi,
Din ţara noastră şi peste hotare,
Ei pun juguri şi ne vor desculţi,
Ar vrea de piele, ca să ne despoaie!

Nu ne ajungeau ciocoii noştri,
Acum sunt jugurile străine,
Ce vor noi să muncim ca proştii,
Pentru ca ei să huzurească bine.

Ţăranii toţi ni i-au distrus,
Ne-au luat pământul, ţara,
Iar noi prin lume ne-am tot dus,
Să cărăm cu noi povara.

Nici pământul să-l muncim,
Spun ei că nu ne lasă,
Vor taxe multe să plătim
Și să le facem punga grasă.

Apoi de noi ridicăm capul,
Vin ciocoii să ni-l aplece,
Că trebuie să facă neamul,
Prin străinătăți să plece.

Ce ați făcut?

Voi ce-ați făcut,
Cu bravii noștri eroi?
Mormintele le-au dispărut
Și au rămas strigând prin lume goi!

Voi nu aveți de-acum trecut,
Nici viitor nu știți de veți avea,
Că prea ușor au dispărut,
Eroii ce cu sânge au plătit cinstirea.

Ei strigă de pe undeva,
Poate din cerurile înalte,
Că și acolo liniștea,
Îi face încă să tresalte.

Nici cruci la cap nu se găsesc,
O floare să le-adăpostească,
Nici lumânări nu se zăresc,
După datina noastră creștinească.

Noi n-avem încărcate inimi,
De conștiința strămoșească?
Am devenit răi și haini,
Lăsând stranii să ne pângărească?

Ce frumos era

Ce frumos era odinioară,
Când săniuțe vesele alergau,
Copiii zburdau pe ulițe grămadă
Și târziu spre case se-ndreptau.

Glasurile lor scăldate-n bucurie,
Până sus departe străbăteau
Și credeai c-afară sunt peste o mie,
Suflete de îngeri, ce se bucurau.

Apoi ulița mare și pustie,
Când în noaptea albă se adâncea,
Stătea în așteptare ca să-mbie,
Îndrăgostiții tainici, de-a se săruta.

Și sub caldele felinare,
Cu lumini ce stau aprinse,
Se cernea o zăpada strălucitoare,
Ca-n sfintele și binecuvântate vise.

Totul era împrejur,
Ca un basm făr-de hotar,
Unde Dumnezeu cu spor,
Picta noaptea de cleștar.

Ce se întâmplă

Ce se-ntâmplă cu această lume,
În care totul este artificial?
Nimic nu este bun, nu le convine,
Acestor oameni făr-un ideal.

Ploaia nu mai este ploaie,
Că e udă și-i atinge,
Soarele are văpaie
Și întotdeauna-i frige.

Iarna nu mai este iarnă,
S-o aștepte bucuroși,
Iar vara este prea caldă,
Nimic nu mai are rost.

Vor să schimbe soarele,
Chiar și luna de-ar putea,
Ar schimba și stelele,
Să rămână slută noaptea.

Animale nu mai vor,
Păsări, nici atât să fie,
Să le calce prin pridvor,
Că le-aduce epidemie.

Nici copii să nu mai facă,
Să trăiască numa-n bine,
Să n-audă la vreo poartă,
Strigăte de la vecine.

Te întrebi oare ce va fi,
Cu această lume moartă,
Ce se screme a muri,
Dar sorocul nu se arată.

Ce țară am avut

Ce țară am avut odată,
Putem copiilor a spune,
Când ea este amanetată
Și-abia dacă mai are-un nume?

Ce oameni vrednici, muncitori,
Care știau cum să înfrunte viața,
Se deșteptau devreme-n zori,
Să-nceapă munca dimineața!

Uzine, fabrici, șantiere,
Se ridicau din zare-n zare,
Acum vezi fabrici sezoniere,
Ale străinilor care ne dau mâncare.

Nimic, nimic nu ne aparține,
Până și viața ne-au luat zălog,
Iar de murim, copilu-n loc rămâne,
Ca să muncească pentru alții ca un rob.

Ne plângem că nu știm de ce-am ajuns,
O țară bună pentru tranzitare
Și că vin ordine de sus,
Să pună taxe și pe soare?

Că de mult a noastră țară a pierdut,
Sarea pământului cel românesc,
Mâncăm doar pâinea din import,
Pe glia noastră, lanuri nu mai cresc!

Ne pun taxe și pe aerul din plămâni,
Pe focu-n sobă să stea stins,
Pe apa noastră sunt stăpâni
Și spunem că trăim ca-n paradis?

Cine ia un pic din soare

Cine ia un pic din soare
Și cu rouă să-l presare,
Să-i stingă a sa ardoare,
Să nu ardă așa de tare?

Și în sânul lui să-l pună,
Când afară-i vreme bună,
Cu el să se încălzească,
Vremea de-o să se răcească.

Soarele să-i fie frate,
Când în lume reci sunt toate,
Numai soarele să-i fie,
Lângă inima-i pustie.

Să răsară unde-i rece,
În lumea care se trece,
Fără căldură și soare,
În amara-i întristare.

Unde inima pustie,
Ce era cândva zglobie,
În soare se va preface,
Din căldura lui, că-i place.

Cine nu-și iubește țara

Cine nu-și iubește țara,
N-are neam și nici moșie,
Pentru el e mică lumea
Și stă dus în pribegie.

N-are unde să se ducă
Și nici unde să se-ntoarcă,
Nimeni nu-l așteaptă acasă,
Să-l îmbrățișeze-n poartă.

Cine nu-și iubește țara,
N-are nici-o conștiință,
Își dezbracă limba, starea
Și urăște-a sa credință.

Citiți cu inima sfioasă poezii,
De vreți o viață mai voioasă,
Atunci când vă cuprind fiorii
Și peste voi noaptea se lasă.

Citiți din inimi de poeți,
Vă-ndestulați din apa lor cea vie,
Când rătăciți fără să vreți,
C-o inimă tristă și pustie.

Poetul cu tine vorbește,
Împarte dragostea-i cu tine,
Te-ndreaptă, chiar povățuiește,
Cu vorbe calde să te-aline.

Mulțumiți-i cerului cel mare,
Că inimi de poeți v-a dat,
Să vă mângâie-n greaua supărare
Și-un umăr să dea celui întristat!

Curg râuri

Curg râuri gândurile mele
Și peste mine se rostogolesc,
Șiragurile săpate prin zăbrele,
Chinuite-n gândul omenesc.

Și despart firul în patru,
Anotimpuri cumpătate,
Ba-i frumos, ba este hâtru,
Gândul ce mereu se zbate.

Ba e ploaie, ba sunt nori
Și mă-ntreb de ce sunt toate,
De ce ne tot pierdem noi,
În lucruri necumpătate?

Mi se-așează peste umăr,
Dimineața cu răcoare,
Iar eu n-am reușit să enumăr,
Câte-n lună și în soare!

Și-mi șterg ochii adormiți,
Sub o caldă sărutare,
Ale stelelor cuminți,
Pregătite de culcare.

Dacă timpul ar vorbi

Dacă timpul ar vorbi,
Ar spune mii și mii de vorbe,
Din vremurile cele târzii
Și până-n zilele ce vor apune.

Ne-ar spune multele povești,
Ce-n vremuri fură depănate,
De oameni buni, oameni cerești,
Rămași în vremuri încrustate.

Dar timpul stă amuțit privind,
Când trece-n grabă peste noi,
Luând poveștile pe rând
Și lăsându-ne în urmă goi.

Fără povești de povestit,
Lumea rămâne mai săracă,
Bătrânii se trec în mormânt,
Cu tot trecutul lor deodată.

De-ar fi să mor

De-ar fi să mor,
O lacrimă n-aș pierde,
Din geana lungă-a ochilor,
Ce tristă se închide.

Nu mi-ar fi de viață dor,
Nici de oamenii ce-i las în urmă,
Căci ei sunt povara anilor,
A vieții grele și prea sumbră.

Le-am dat atât cât am trăit,
Din smaraldele ochilor ce-au curs,
Când m-au atins și m-au rănit,
Cu vorbe fără vreun folos.

Nu-mi pare rău de ei nicicând,
De această lume muribundă,
Care se trece pe pământ,
Fără a lăsa vreo umbră!

E-o lume lipsită de ce-i sfânt,
O lume ce te vinde pe doi lei,
De ești un om drept pe pământ,
Ori binele omului de-l vrei.

Aș plânge doar pentru părinți,
Cei care mai sunt pe pământ,
Căci ei sunt cei năpăstuiți
Și părăsiți în casa lor, plângând.

De ce părinții noștri plâng?
Oare sunt unii cărora le pasă,
Că așteptând cu lacrimi șiroind,
Doresc copiii să le intre-n casă?

Visează bani și averi multe,
Cei care niciodată n-au muncit,
Să ia din vlaga vieților trăite,
Din care n-a rămas nimic.

Și doar atunci le mai trec pragul,
Copiii zilelor de azi,
Când iau ce a rămas din traiul,
Bătrânilor adânciți în necaz.

Văzând cum este lumea aş plânge,
Dup-o lume înrăită?
Lacrimile mele s-or scurge,
Fără să mă simt dorită?

De ce noi să cerem milă?

De ce noi să cerem milă,
De la orișice ciocoi,
Care vrea o nație umilă
Și-n genunchi ne vrea pe noi?

De ce să ne fie milă
Și câtă vreme ne-om supune,
Azvârliți fără de-o vină,
Din țara ce ne aparține?

Cât să hoinărim prin lume,
Liniștea s-o căutăm,
Muncind ca robii pentr-o pâine,
Că în țară n-o avem?

Noi plecăm, c-așa ne spune,
Puhoiul de ciocoi așezați,
Că țara nu ne aparține
Și că prin țări să fim argați!

Unde-s vitejii de altădată,
Ce văzduh cutreierau,
Lăsând părinții la vatră
Și ciocoii înfruntau?

Unde-i nația străbună,
Și ce-a rămas din noi,
Lepădați de-a noastră mumă,
Fără țară și-n nevoi?

Ne-au vândut și se mai vinde,
Ce-a rămas de atâția ani,
Din pământul ce se-ntinde,
De la daci pân-la romani.

De ce nu iubiți bătrânii?

De ce nu iubiți bătrânii,
Mânca-v-ar inimile câinii?
Că și voi îmbătrâniți,
Veșnici tineri, n-o să fiți!

De ce oropsiți bătrânii?
Ca ei veți fi și voi ca mâine
Și alții vă vor oropsi,
C-așa învățați ai voștri copii!

Cândva era o binecuvântare,
Să te dezmierde mama-mare
Și-n brațe i te cuibăreai,
Când mângâierea ei o căutai.

Bunicul, palmele-i bătătorite,
De-atâta muncă chinuite,
Pe frunte ți le așeza,
Iar tu simțeai căldura sa.

Acum cu groază îi priviți,
Înapoiați îi socotiți
Și vă uitați cu ochii goi,
De parcă ați vedea niște strigoi!

De tot ce au îi despuiați,
De avutul care îl mâncați
Și spuneți că este nimic,
O muncă adunată pic cu pic?

Mânca-v-ar munca și pe voi,
Leneși amarnici și la suflet goi,
Veți duce-o cazna tare amară,
Când timpul socoteală o să vă ceară!

De ce te supui?

Nu te supune romane,
Capul nu ți-l apleca,
Să-ți dea stăpânul tău o pâine,
Că socotește el așa!

Nu știi că pâinea tu i-o dai,
Celui ce-n jug te înconjoară,
Din munca ta trăiește-n rai,
Iar tu duci viața grea, amară?

Te pleci și spui că va fi bine
Și iar te minți cum faci mereu,
Ducând o viață grea, de câine,
Până și câinele ți-a luat locul tău!

Te privești cu-ngrijorare,
Când părul ți-a albit prea mult?
Ți-ai croit și tu vreo cale,
Pe acest întreg pământ?

Veșnic nu vei fi-n putere
Și nici bani nu-i câștiga,
De țara nu-i pe mâini bune,
Să vegheze viața ta.

Dezbrăcați răbdarea

Dezbrăcați răbdarea toată
Și nu stați așa smeriți,
Că vreme nu va fi vreodată,
Când fără veste veți fi osândiți!

Ei vândut-au țara pe salarii,
Pe mofturi și înșelăciuni avare,
Acei ce stau precum samsarii,
La frâul țării răbdătoare.

Dezbracă-ți haina delăsării,
Țară sfântă și curată,
Că-n ea te-au îmbrăcat boierii,
Cei noi și cei de altădată!

Acum cu false adorații,

Ei ți se-nchină salutând, mișeii,

Ținând în umbră pregătiți soldații,

Să te azvârle-n gura largă a pieirii.

Iar de cizma străinului se va pune,

Peste pământul nostru strămoșesc,

Atunci va trece vreme și multă lume,

Până vom scăpa de jugul ciocoiesc.

Ne vom întoarce de unde-am plecat,

În vremurile grele și străbune,

Când petreceai la armată singurul băiat,

Iar inima se prefăcea-n cărbune.

De ce să așteptați voi chinul,

Când știți prin ce-au trecut bunicii?

De ce să nu opriți declinul,

În care vor pierzarea, politrucii?

Că ei n-or pierde nimic niciodată,
Odraslele în luptă n-or să fie,
Nici inimile în tristețe n-or să bată,
Pentru ai voștri cei din cătănie.

Dezbracă-te țară de greaua nepăsare,
De falsele și ticluitele discursuri,
Ținute-n săli cu lume-aleasă și cu stare,
Să vă încânte cu minciuni și ascunzișuri!

De ziua mamei mele

De ziua mamei mele plâng,
Când știu că a plecat de pe pământ,
N-am cum să-i spun eu astăzi la mulți ani,
Să-i dau cadouri așa cum făceam.

A fost o vreme când era,
Pe acest pământ și mama mea,
Un suflet cald și tare blând,
Ce mă ținea mereu în gând.

Și mă-ntreba cu râvnă deseori,
Când stam de vorbă până-n zori,
De una și de alta suspinând,
Dorind să-mi afle al meu gând.

Cu ea vorbeam, ce lumii nu-i pot spune,
Iar ea mă învăța numai de bine,
Necazuri cum să le-ocolesc
Și viața cum s-o drămuiesc.

Acum în prag de sărbătoare,
Când mamele sărută câte-o floare,
Eu pentru mama numai lacrimi am cules,
Să le trimit în locul ei ceresc.

Doamne

Doamne, eu niciodată nu mă tem,
Căci tu îmi ești aproape,
Tu ești putere și îndemn,
Atunci când un necaz mă paște.

Cu lacrimi fierbinți eu te chem,
Știind că plângi cu mine
Și mă strunesc, mereu mă-ndemn,
Să stau doar lângă tine.

Eu n-am nevoie de nimic,
Să iau din astă lume
Și ochii-n taină mi-i ridic,
Spre tine, nu spre lume.

Eu te iubesc c-o inimă de copil,
Chiar dacă anii mi s-au așternut,
Pe chipul obosit, un chip umil,
De atâta suferință pe pământ.

Doamne, coboară!

Doamne, coboară dintre sfinți,
Peste lumea ce-i pierdută,
Pentru măriri și mulți arginți,
Lumea aceasta tare abătută!

Unde mama nu e mamă,
Iar copilul nu-i copil,
Familia se tot destramă
Și omul nu-i deloc umil.

Este atâta răutate,
Dreptatea a dispărut,
Zilele ne sunt numărate,
Doar de cei cu suflet slut.

Îmbăiați în chipul urii,
Dezbinare au semănat,
Transformând menirea lumii,
În urgii greu de imaginat.

Vino Doamne și adună,
Din tot ceea ce-a rămas,
Prin această lume sumbră,
Fă Doamne, un mic popas!

Doamne, eu știu că exiști

Doamne, eu știu că exiști
Și suporți orice povară,
Știu cât poți și cât reziști,
Să vezi viața noastră goală.

Tu ești taina ce se-ascunde,
În inimile calde și sfinte,
Care cred și știu pe unde,
Tu le vei ieși înainte.

Bucurie, mântuire, toate,
Toate de la tine vin,
De-ar ști omul cum se poate,
Să-și lepede amarul chin!

Doamne, nu te supăra

Doamne, nu te supăra,
Pe al tău copil pribeag,
Vino Doamne-n calea mea,
Că știi cât îmi ești de drag!

Ia-mi durerile și șterge,
Lacrimi care curg izvor,
Peste fața ce se-așterne,
Patima durerilor.

Și-n izvoare mă-nvioară,
Să mă scalzi în apa lor,
Vino Doamne, vino iară,
Că te-aștept cu atâta dor!

Dragobetele românilor

Tinerii noştri din străbuni,
Ei iubeau Dragobetele,
O sărbătoare lăsată la români,
În care se aleg fetele.

Bărbatul, cel veşnic îndrăgostit,
De mireasa vieţii lui,
O îmbracă-n florile de câmp
Şi-n curcubeul cerului.

Apoi, o poartă cu mândrie-n sat,
Să vadă lumea că-i aleasa lui
Şi că Dumnezeu i-a binecuvântat,
În ziua sfântă, a Dragobetelui.

Durerea

O durere mare se lasă,
Pe spatele meu chircit şi obosit,
Dar eu privesc cu nostalgie la fereastră,
Gândind în tăcere la tot ce-am trăit.

Şi-n liniştea camerei tăcută,
Din casa de mult adormită,
Mă tăvălesc dureri de vreme multă,
Iar corpu-acesta obosit, nu mai ascultă!

Căci sângele-n vene stă aprins,
Vâjâind de-atâta durere,
Mă uit la ceasul ce pare stins,
În atârnate şi prea lungile ore.

O, cât de lungă-i noaptea dureroasă!
Pe ochi duioasă se conturează,
O ceață care nu mă lasă,
Să văd cuvintele cum se așează.

Ce poate face-un om bolnav,
În noatea grea a durerii?
Așteaptă dimineața și vreun leac,
Să-i currme clipa așteptării.

Când se apleacă peste om,
Multe și diferitele semne,
El stă pregătit parcă de-un drum,
Să plece înainte de lăsatul serii.

E-atâta bucurie

E-atâta bucurie pe pământ,
Dacă-n aste vremuri drămuite,
Descoperim sub cerul sfânt,
Că mai trăiesc și inimi sfinte.

Că-n astă vreme s-a aflat,
Femeia a nu fi femeie,
E-nlocuită c-un bărbat,
Ce nu-și acceptă a sa menire.

Și-atâta lehamite, mirare,
Toate-ți aprind a ta privire,
Când vezi bărbatul cum se-ndoaie,
Pe tocuri, ca o trestie zglobie.

N-au rușine, demnitate,
Se dezbracă de omenie,
Crezând că-n lume tot se poate
Și că lumea, trebuie să li se-nchine.

E-atâta gălăgie

E-atâta gălăgie-n jur
Și atât de multă răutate,
Omul se poartă ca fiind fără cusur
Și nimeni nu împarte bunătate.

E-atâta delăsare-n jur
Și fiecare așteaptă iubire,
Fără să dea nimic împrejur,
Omul așteaptă prețuire.

E-atâta răutate-n jur,
Că nimeni nu se mai suportă,
Părintele-și urăște-al său copil,
Copilul niciodată nu ascultă.

E-atâta urâțenie în jur,
Într-o lume ce se face tot mai slută,
Cu oameni mulți doar împrejur
Și-n suflete, cu o singurătate mută.

Este ziua ta

Este ziua ta, Iisuse
Și cei ce cred în tine, te slăvesc,
Iar cei cu inimile-nchise,
Nici ei nu știu ce mult greșesc!

În sfinte sărbători copiii ți se-nchină
Și slăvesc numele tău cel sfânt,
Luând de la biserică lumină
Și rostind al învierii legământ.

Că tu ai înviat Iisuse
Și la cer de mii de ani te-ai ridicat,
Lăsând creștinilor promise,
Împărăția și iertarea noastră de păcat.

Eu cred

Eu cred că dincolo-i mai bine,
Acolo nu mai sunt ciocoi,
Nici oameni răi și nici jivine,
Care să muște tot mai mult din noi.

Acolo Dumnezeu ne ține,
În mâini sfinte și mângâietoare,
Acolo îmbrăcați în straie fine,
Ne închinăm la fața lui strălucitoare.

Acolo nu e ură, nici urgie,
Nici oamenii bogați să prigonească,
Acolo suntem de-o etnie,
Copii, în stăpânirea îngerească.

Niciunul ce-a plecat din astă lume,
Nimic nu a luat cu el,
Ca semn că pe pământ rămâne,
Tot ce l-a-ndepărtat de cer.

Eu cred în judecata divină

Eu cred în judecata cea divină,
În cel ce lumea a creat
Și că oricine are-o vină,
În fața Dumnezeului din ceru-nalt.

Că omu-n lume nu are vreo taină,
S-o spună altor oameni pe pământ,
Când ei secretu-l rup ca pe o haină,
Nu duc o vorbă cu ei în mormânt.

Abia așteaptă ca să te sfâșie,
De-ai îndrăzni să spui că te-a durut,
Purtarea oamenilor fără de omenie,
Ce cred că lumea pentru ei s-a făcut.

Se duce jalnic tot la vale lumea,
Această lume trufașă și prefăcută,
Care spre cer ridică privirea,
Dar inima e acră și veșnic mai slută.

Eu n-am nimic

Eu n-am nimic în lumea aceasta,
Că toate-n ceruri mi s-au dus,
Cei dragi, au dus cu ei și casa
Sufletului, de tristețe răpus.

Aici în lume am doar trupul,
Ce se mai chinuie să șadă,
C-așa vrea el, cel Sfântul,
Să mai stau unora de strajă.

Dar de plecare stau în poartă,
Să plec în lunga mea călătorie,
Acolo unde mă așteaptă,
Cei sfinți și-atât de dragi ei mie.

Mâinile mele veșnic goale-mi sunt
Și las ca amintire-n veșnicie,
Gândurile toate că-n mormânt,
Cu mine nici ele n-or să vie.

Eu te-am iubit copile

Eu te-am iubit copile
Și te iubesc atât de mult,
Tu nu știi ce a fost cu mine
Și cât de mult am suferit!

Ti-am dat a mea pâine,
Din trupul meu am rupt,
Să știu că ție-ți este bine,
Capul pe pernă n-am avut.

Iar viața grea și amărâtă,
Când în bucăți s-a împărțit,
Ea s-a răzbunat pe soarta-nfrântă
Și de tine-n grabă, ea m-a despărțit.

Acum ești mare și te descurci bine,
De mine aproape c-ai uitat,
Nu-ți pasă dacă am vreun colț de pâine,
Sau dacă-n lacrimi iarăși m-am culcat.

Eu mă gândesc cu dragoste la tine,
Sărutând pioasele amintiri,
Atunci când ne era mai bine
Și viața mirosea a trandafiri.

Acum de șale când mă-ndrept,
Spre cer să văd îmi este greu
Și lacrima oprită-n piept,
O las acolo-n dorul meu.

Mă bucur că ești foarte bine
Și-i mulțumesc lui Dumnezeu,
Nu vreau nimic eu de la tine,
Decât să știi, că te iubesc mereu.

Fata frumoasă

Era odată ca-n povești,
O fată frumoasă și un june,
Din rude mari împărătești,
Așa cum în povești se spune.

Și nu era alta ca ea,
Frumoasă-n astă lume
Și orice prinț o adora,
Râvnind la al său nume.

Dar împăratul om vestit,
Spunea că nu e vremea
Și că el nu e pregătit,
Să dea a fetei lui mâna.

Și-o închise într-un castel,
În turnul îndreptat spre soare,
S-o țină acolo cât vrea el,
Până ce fata va fi mare.

Dar într-o zi trecea cântând,
Un prinț pe-un cal călare
Și fata cântecu-auzind,
Sări la geam grăbită tare.

Când prințul cel frumos,
Privirea-și ridică spre soare,
Văzu un chip angelic, luminos,
Privindu-l fără încetare.

-Ce faci aici frumoasă fată?
Prințul zâmbind, o întrebă,
Iar ea-i răspunse-ncet, pe dată,
Că tatăl ei cu lacăte o fereca.

"Un tată crud", gândi el prințul,
"Un tată care-nchide o comoară,
Să n-o atingă nici chiar vântul,
Nici soarele-n priviri să nu-i răsară."

Atunci descălecă din șa
Și merse către turnu-nalt,
Îi spuse fetei că el vrea,
S-o ducă în castelu-ndepărtat.

Și astfel prințul cel frumos,
Luase a lui mireasă,
S-o ducă în palatu-i luminos,
Să-i fac-o viață aleasă.

Iar când împăratul auzi,
Că fata lui a fost răpită,
Pe dată se îmbolnăvi,
Cu inima-i rănită.

Degeaba împăratul se osândi,
Să țină-nchisă a lui comoară,
Că viața i se-mpotrivi
Și-o duse departe de țară.

Și după ani și ani de-atunci,
Venise fata ca să-l vadă,
Avea cu ea doi prunci,
Frumoși ca a lor mamă.

Privind-o cu tristețe împăratul,
Apoi c-o mare bucurie,
Se duse să-și îmbrățișeze pruncul,
Ce s-a întors din pribegie.

Și mese întinse s-au pus,
Cu bucatele alese,
Trei zile toți au petrecut,
Cât să se ducă a lor veste.

Frumusețea-i trecătoare

Frumusețea-i trecătoare,
Doamne, corpul cum se trece,
Nu mai ai nici-o putere,
Zâmbetul se face rece!

Numai ochii suspinând,
Se mai văd ca-n amintire,
Când privesc lin și adânc,
În oglinda cea pustie.

Și văd cum stau îngrămădite,
Multe zile, nopți frumoase,
Stau chipurile prăfuite,
Ce zâmbeau cîndva duioase.

Doamne, câtă frumusețe
S-a risipit peste ani,
S-a topit în anii vieții,
Ca ghețarii solitari!

Acum fața mângâiată,
De amintiri, trăiri și fapte,
Se privește, se răsfață,
Mai privind prin vremi departe.

Iar din fecioara ca un înger,
A rămas doar umbra vremii,
Cu un zâmbet trist, stingher,
Care-și numără toți anii.

Inima omului

Inima omului,
Se zbate ca marea,
Când cade-n mâna răului
Și nu găsește scăparea.

Atunci cad uriașele valuri,
Ce peste el năpădesc,
Lovindu-l între maluri,
Cu gânduri și fapte-l lovesc.

Când inima omului se zbate-n iubire,
Cu simțăminte care se ivesc,
Îi jură credință în veșnicie,
Dumnezeului din înaltul ceresc.

Atunci valuri de bucurie,
Mângâie sufletul curat
Și apa îi spală orice mâhnire,
Ce fără știrea lui s-a așezat.

Ca valul mării omul poate fi,
Un val aspru și înspumat,
Sau poate valul ce aduce bucurii,
Când chipul i-a fost mângâiat.

Îmi este așa dor

Îmi este așa dor de tine,
Încât tristețea sapă adânc în carnea mea,
Amintindu-mi ce însemni tu pentru mine,
Forțându-mi gândul spre ființa ta.

Și mă simt atât de bine-n preajma ta,
Tânjesc în fiecare clipă dup-a ta privire,
Mă oglindesc în zâmbetul ce-ți luminează fața,
Atunci când mă privești din nemurire.

Că tu aduci vieții mele împlinire,
Comoară ascunsă în sufletul meu,
Cu tine eu mă-mbăt de fericire,
Atunci când mă trezesc din vis mereu.

Îmi iau adio

Îmi iau adio de la tine lume,
Când merg în altă lume rece și distantă,
Nu știu din mine ce va mai rămâne,
Dar vreau să știi că te-am iubit odată.

Ți-am dat tot ce-am avut ca bogăție,
Inima mea și tot ce-n ea s-a adunat,
Acolo te-oi purta prin veșnicie,
Că tare dragă te-am avut în acest veac.

Nu știu de ale mele suferințe,
Tu mi-ai pricinuit cândva,
Eu le-am uitat și-n candela credinței,
Te-am pus să-ți dau și din căldura mea.

De inimi triste cândva le-am atins,
Cu inima-mi săltată în durere,
Mă voi ruga de acolo-n paradis,
Să fie fericite și încă să mai spere.

Am dat iubire atât cât a fost,
Din inima-mi unde-am cuprins,
O viață trăită cu un trainic rost,
Care era o realitate și acum e vis.

Ce Dumnezeu mi-a dat mie ca har,
Eu v-am dăruit la rândul meu,
Fără să cer vreodată un gologan,
Lumii în care m-a pus Dumnezeu.

Poate în dulcile voastre amintiri,
Veți îngâna cândva vreo poezie,
Copiilor ce-or mulțumi,
Că nu le-am luat cu mine-n veșnicie.

Noi cei, ce printre stele ne așezăm,
Spre cer ca aburul ne ridicăm
Și nu vă părăsim, nu vă uităm,
Cu strălucirea stelelor vă luminăm.

În fiecare an

În fiecare an te celebrăm,
Iisuse fiul Domnului cel sfânt,
Îți plângem chinul și noi nu uităm,
Că învierea ta-i un dar și-un jurământ.

Tu ai spălat păcatele prea grele,
Cu umerii tăi peste veacuri le-ai purtat,
Ca noi să rupem ale lumii zăbrele,
Ce ne-au legat de greul nostru păcat.

Știm c-ai plecat demult spre cer
Și fericit acolo tu domnești,
Dar într-o zi vei coborâ din el,
Pământu-ntreg să-l stăpânești.

În fericire îți aducem închinare
Și bucuroși ne ospătăm,
La masa creștinului în așteptare,
Când fericiți cu tine-o să cinăm.

În memoria mamei

A dispărut, când iarna a-nceput să mijească,
Când afară era frig și crăiasa zăpezii cu mantia
ei albă se îmbrăcă,
Iar eu jeleam c-un suflet bolnav, privind printre
rămurele,
Pe geamul oglindit de ochii mei, înfundați în
cearcăne.

O boală a tristeții în ea arzând, pe vecie s-a
zidit,
În măicuța mea bătrână cu ochii albaștri și cu
părul de argint.
Am căutat s-o cuprind, cu mâinile prelungite de
durere,
Crezând că doar așa o voi putea ocroti, ținând-o
strâns în mâinile mele.

Dar degeaba atâta strădanie și atâta suferință,
Degeaba multe lacrimi și-un suflet pătruns de
căință,
Când trupul ei s-a șubrejit, iar ochii și-au ascuns
privirea și gura ei a amuțit,

Lăsase ca urmă-n nemurirea ei, o rană ce mă
doare și tot mai mult s-a ascuțit.

Priveam cu jale ziua sortită, cum pâlpâia ca o
scânteie
Și la-ntregul prohod care nu s-a îndurat, de-a
mea durere.
Pe mâini imi curgeau stropii, din țurțurii ce curg
pe sub streșini,
Cu ei îmi spălam palmele, sfărâmate de
frământări și de lacrimi.

Încă mai plâng și jelesc a ei viață, ce stă risipită
dup-o veșnică plecare,
Iar inima mea sângerează, este frântă și parcă
mă doare mai tare.
Atunci mă afund în tăcerea, care plânge cu mine
deodată
Și văd că nimic nu se-ntâmplă, simt o tristețe mai
mare când văd portița casei încuiată.

Îți picură starea

Îți picură sfârșită starea,
De ființă duioasă, îngândurată, suavă,
Atunci când pășești întinsă ca marea,
Mângâind nisipul cu mâna-ți firavă.

Te miști, de parcă zbori fără de vlagă,
Privind insistent undeva prin zare,
Cu acea privire ascunsă și slabă,
Ce lasă lungi dâre senine să zboare.

În raza privirii m-ai desfătat o clipă,
Uitând de-ntunericul cu umbre zidit
Și-n acea privire fără de risipă,
În ea m-ai săpat și m-ai răstignit.

Atât de înceată mi-a fost răsuflarea,
De-o clipă pierdută undeva prin neant,
Când buzele mele-ți sorbeau încă starea,
Tu nici n-ai privit și-n grabă ai plecat.

La modă

A apărut de la o vreme o modă,
În care-i o rușine-a fi român,
Căci mintea unora e slobodă,
A celor care știu doar de stăpân.

Trăiesc din obiceiurile furate,
De la străini destrăbălați,
Se cred că sunt la modă și se poate,
Pe restu-i socotesc înapoiați.

Nimic ce-i românesc nu le priește,
De limba lor de tot s-au dezbrăcat,
Nu știu a vorbi doar englezește,
Că limba noastră li s-a demodat.

Aceștia multi făcuți pe bandă,
Veniți parcă din altă lume,
Cu minți conduse la comandă,
Vor să-i dea țării alt renume.

Ei scâncesc vorbele altor popoare,
Și trăiesc din filme cu actori trucați,
Declarându-se mândri-n gura mare,
Că sunt mai șmecheri și mai civilizați.

La mulți ani Românie!

La mulți ani Românie!
Ce să-ți doresc eu ție?
Să trezești acest popor,
Că de mult este-nrobit,
De-un guvern nemernicit.

Și-ți doresc o veșnicie,
Anii tăi mereu să fie,
De-acum multe generații
Și să te păzești de hoții,
Ce-au vândut a noastră glie.

C-au furat și-au prăduit,
Acest popor l-au chinuit.
Îți doresc dragă Românie,
Ca la anul ce-o să vie,
Să dea Domnul, ca să fie bine!

 Poezii pentru inima ta

Lăsați această lume

Lăsați această lume năucită,
Care nu știe încotro apune
Și-ndreptați-vă spre-o țintă,
Dintr-o veche și mai bună lume.

Căutați fără-ncetare,
Să păstrați din cele sfinte,
Darurile vechi, milenare,
Scoateți-le din morminte!

Nu-ngropați nația română,
Pentr-un obicei păgân,
Puneți datina străbună,
În obiceiurile neamului străbun!

Salvați tot ce se mai poate,
Îngerii ce ne-au rămas,
C-atunci când vor trece toate,
Ne-or salva de la necaz!

Lumea tare s-a schimbat

Lumea tare s-a schimbat
Și încă se mai schimbă,
Mi-e dor de viața de la sat,
De bradu-mpodobit în tindă.

De nămeții de zăpadă din ogor,
Ce se-nălțau de trebuia să sapi tunele
Și de colindele sfinte din popor,
Ce răsunau până dimineața devreme.

Mi-e dor de cozonacii așezați,
Pe măsuța plină și încărcată,
Cu multe alte bunătăți,
Ce musafirii își așteaptă.

De bunicii mei cei sfinți,
Ce mă strângeau în brațe,
Când mă așteptau cuminți,
Să vin, ca să le dau binețe.

Toate acestea au dispărut,
Ulița este mai pustie,
Colindul n-am mai auzit,
Nici bunicii nu mai sunt cu mine.

Zăpezile nu se mai pun,
Să albească-ntreg pământul,
Nici crăciunul nu-i crăciun
Și-a renegat chiar și sfântul.

<h3 style="text-align:center">Mai veniți copii acasă</h3>

Mai veniți copii pe-acasă,
Că mama v-o aștepta,
Cu mâncarea caldă pe masă,
Așa cum era cândva.

Casa-i ca de sărbătoare,
Cu-n brăduț împodobit,
Focul arde și-i căldură mare,
Totu-n casă-i pregătit.

Cozonaci călduți așteaptă,
Aburind să vă alinte
Și sarmale stau pe plită ,
Că le-am fiert de astă noapte.

Am pus luminițe-n curte,
Când veniți s-aveți cărare,
Toate-s la loc pregătite,
Casa a intrat în sărbătoare.

Bucurie și lumină,
Vă așteaptă să veniți,
Bate tare și-o inimă,
Pentru voi, copii iubiți!

Mama-i eroina mea

Mama-i eroina mea,
Care viața fără plată ea mi-a dat,
A rupt din somnul și din viața sa,
Pentru copilul ce-n pântec l-a purtat.

Apoi de boli și plânset m-a ferit,
Când noaptea sta la căpătâi,
Ea n-avea somn și s-a jertfit,
Ingrijorată se ruga, lângă al ei pui.

Doar un scâncet de ieșea,
Din somnu-mi tare zbuciumat,
Mama din pat parcă zbura,
Să vadă ce s-a întâmplat.

Îmi amintesc visând și acum,
Clipele frumoase care s-au stins,
Tânjesc și caut să le adun,
Dar ele au dispărut ca într-un vis.

M-am întâlnit cu mama

Iar m-am întâlnit cu mama,
În somnul meu cel zbuciumat,
Pe cap mă mângâia cu mâna
Și nu se oprea din sărutat.

Privirea-i blândă și pătrunzătoare,
Peste mine-o cobora
Și mă-ncălzea ca sfântul soare,
Doamne, cât de dor îmi e de ea!

Privind-o, așteptam să-mi spună vorbe,
Așa cum de multe ori ea făcea,
Dar ea privea pe nu știu unde,
Să plece se tot pregătea.

Și-un fulger rece îmi pătrunse,
În inima scăldată de tristețe,
Când mama iarăși dispăruse,
Fără să-mi dea ale ei povețe.

O vorbă măcar așteptam,
În trista mea singurătate,
Cu ea poate că rămâneam,
Dacă mama nu se pierdea în noapte.

Dar zbuciumul din noapte în zadar,
Îmi frânse aripile moarte,
Trezindu-mă așa cum eu eram,
Singură, plângând în noapte.

Mă pierd în vremuri

Mă pierd în vremurile trecute,
Atunci când omul era om,
Când bărbatul ținea căciula pe frunte
Și-o ridica pentru orice trecător.

Mi-e dor de copiii ce erau copii,
Veșnic cuminți și respectuoși,
Atenți la cei din jur și mereu zglobii,
Erau pe oriunde, îmbujorați și jucăuși.

Mi-e dor de femeile frumoase,
La chip, la vorbe și cu sufletul curat,
Cu ele împărțeai taine maiestuoase
Și orice secret în inimă era ferecat.

Mi-e dor de bunicii cu sfaturile sfinte,
Când gânditori iți dădeau câte-un sfat
Și te mângâiau cu mâna fierbinte,
Brăzdată de muncă și de atâta mângâiat!

Mi-e dor de tinerii îndrăgostiți,
Când puri și sfinți se plimbau de mână,
Săruturile lor erau fierbinți,
Furate în taină sub clarul de lună.

Mi-e dor de acea lume bună,
Înțeleaptă și mereu cuminte,
O lume sfioasă, străbună,
Ce doarme acum în sfinte morminte.

Mă uit

Mă uit la cei ce dorm zâmbind,
Ființa lor se risipește-n zare,
Ei niciodată nu se plâng
Și nici nu spun că rana-i doare.

Îi vezi frumoși și-ngândurați,
Pregătiți pentr-o plecare,
Își iau adio de la frați,
Spunând că pleacă la Cel Mare.

Și c-o inimă inundată-n fericire,
Se-mbărbătează suspinând,
Dând Domnului a sa mărire
Și-ntotdeauna mulțumind.

Ei sunt frumoși
Și cu atâta frumusețe rară,
Se-ndreaptă spre o cale, luminoși,
Lipsiți de starea pământeană.

Și sunt ca îngerii când se ridică,
Spre ceru-nalt zburînd spre soare,
Ființa lor se înfiripă,
Pe-un cer înalt și-atât de mare!

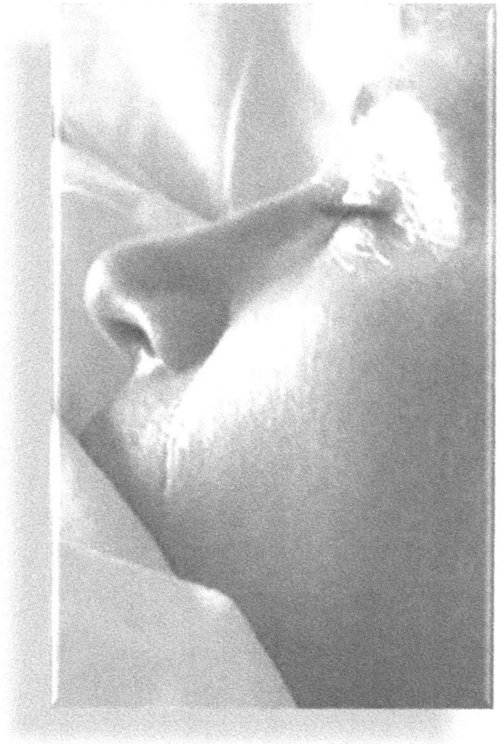

Mereu în țară

Mereu în țara noastră au fost,
Ciocoii vechi, ciocoii noi,
Ce-au pedepsit poporul nost,
Care credea în vremurile de apoi.

Și iată astăzi când credeam,
Că am scăpat de acei ciocoi,
Se-arată iarăși la liman,
Alții mai mari, cu mofturi noi.

Oare va fi vreodată să scăpăm,
De-acești mișei, acești ciocoi
Și țara să ne-o căpătăm,
Să mai trăim un pic și noi?

Că din străbuni ne-am procopsit,
Cu cei de alte neamuri,
Dar tot ciocoi s-au dovedit,
Mai aprigi și cu alte idealuri.

Mi-a nins în păr

Mi-a nins în păr lumini strălucitoare,
Iar fața mai duioasă s-a făcut,
Privirea-mi strălucind ca raza de soare,
Mi-arată altă lume, în care-am renăscut.

Și-n inimă se ivesc căutările imense,
Care se-aprind și ard ca o făclie,
Luminând calea-mi spre visele ascunse,
Prin veacuri dintr-o altă lume vie.

Apoi văd cum peste ochi ninsoarea,
Acum așează voaluri cristaline,
Să văd tot mai frumoasă lumea,
O altă lume ce se-apropie de mine.

O clipă mă privesc în oglinda-ndepărtată,
Ce chipu-mi parcă-l desenează
Și-n rama ei micuță și crăpată,
Văd bătrânețea cum se conturează.

Ea îmi deschide-o necunoscută lume,
Cu brațele deschise și sfioasă,
Să mă accepte acolo și pe mine,
În lumea-i liniștită și misterioasă.

Ne trecem toți

Ne trecem curând în eternitate,
Eu, tu și mulți alții ca noi,
Dar oare ce lăsăm în spate,
Am fost noi buni, sau am fost răi?

Nimic cu noi nu vom lua,
Să punem poate ce-am dori,
Căci pe neașteptate vom pleca,
În lumea-n care vom păși.

Ne-a mai rămas doar timp de împăcare
Și-n fiecare zi cu Cel de Sus,
Să ne-mpăcăm, să-i cerem zilnic iertare,
Că nu știm viața când s-a dus.

Ne stingem

Ne stingem ca și stelele pe cer,
Acei ce viața-n liniște am petrecut,
Cu atât de multe amintiri ce pier,
Adunate toate din trecut.

N-avem nici timp a povesti,
Copiilor care nu sunt copii,
Căci ei trăiesc în lumi firești,
Noi am trăit în basme vii.

Acele basme nu s-or mai întoarce,
Să încânte suflete curate,
Ele vor fi păstrate ca o zestre,
Numai în inimile noastre ferecate.

Le-om spune poate printre îngeri,
Acolo unde vom pleca
Și nu ne vom simți stingheri,
Când fiecare, va spune povestea sa.

Și-n roua dulce a dimineții,
Ne vom scălda în graba mare,
Să nu pierdem din firul vieții,
Noi timpu-om fereca în zale.

Noaptea cerne stele iar

Noaptea cerne stele iar
Și mă pierd și eu prin ele,
Când la umbra de stejar,
Stau privind prea lung la stele.

Deodată o stea în zare,
Se avântă spre pământ,
Coborând în fuga mare,
Ca să-mi smulgă mie-un gând.

Vreau să-mi pun eu o dorință,
Când steaua se aprinde
Și rămân fără voință,
Că dispare nu știu unde.

Mă gândesc să cred sau nu,
Că sunt stele căzătoare,
Care vin iute ca gândul,
Să se piardă-n depărtare.

Contemplând, văd înc-o stea,
Multe stele căzătoare,
Cum se aștern în calea mea,
Doar așa, din întâmplare.

Mă ridic și dau să plec,
Însă ceru-ntreg mă-mbie,
Doar o stea să mai culeg,
Din cea sfântă galerie.

Noi mai suntem

Noi mai suntem încă aici,
Atât de mari și totuși mici,
Cu râvnă multă și iubire,
Scriem versuri în neștire.

Despre prinți și feți frumoși,
Blânzi la inimi și arătoși,
Slăvind fetele frumoase,
Transformate în crăiese.

Și copile ce-mpletesc în păr,
Cântul lor făr de astâmpăr,
Cu ale noastre sfinte versuri,
Ascultate-n cânt de vreascuri.

Stând la gura sobei arsă,
Ce domnea ca o crăiasă,
Fetele torceau pe-o blană,
Ascultând vrăjita iarnă.

Și până spre dimineață,
Basmele prindeau viață,
Se amestecau cu somnul,
Care torcea duios dorul.

Noi vrem pământ

"Noi vrem pământ",
Așa strigau cândva românii,
Acum pogoanele se vând,
Ca să nu le ia stăpânii.

Cândva pământul era o bogăție,
Părinții dădeau zestre la copii,
Pogoane-ntregi ca moștenire
Și nu-i lăsa fără de avuții.

Pământul este sfânta moștenire,
Pentru că toate-n lume ni se trec,
Dar el, pământu-i pe vecie,
Bogăția darului ceresc.

Pământu-i așternutul tău,
Pe el și-o casă ți-o zidești,
Din el dai hrană trupului mereu,
Că din pământ hrană primești.

Pământul este o simbrie,
Care de-o ai nu eşti sărac,
Copiii tăi nu-s pe vecie,
Sclavii celui ce-i bogat.

Când se-adună bogății,
Focul şi apa pot să le piardă,
Dar pământul pe veci va dăinui,
Că-i izvorul dădător de hrană.

Nopțile albe

Pentru mine nopțile sunt albe
Și-n ele număr stelele pe cer,
Când le-mpletesc în sfinte salbe,
Punându-le la gât ca giuvaier.

Apoi alerg prin noaptea mare,
Prin multe locuri tare îndepărtate
Și mă îmbrac în dulcea alinare,
Atunci când mi-amintesc de toate.

Eu vise nu mai am de mult,
S-au depănat în nopțile prea multe,
Cu ele-n viață am petrecut,
Când pleoapele n-au vrut să mă asculte.

Nu căuta

Nu căuta o viață mai bună,
Risipindu-ți tinerețea pe lucruri inutile,
Că mândria-i depărtată de lumină.

Adevărul este viu numai în cartea sfântă,
Să te fericești, de simți lumina adevărului în tine
Și oprește-te a căuta, că bucuria-i viața bună.

Oamenii prea sus se uită,
Dar ei nu știu nici să-și primească aripile,
Pentru că mândria-i depărtează de lumină.

Iar când lacrimi de tristețe se adună,
Formând șiraguri lipsite de compasiune,
Atunci amintește-ți că tu, faci viața să fie bună.

Nu dorm

Privesc în noaptea silențioasă,
Frânturi din amintirile gravate,
Conturul lor adânc se desenează,
Transformând pereții într-o carte.

Și așa încet ele se așează,
Umplând parcă locurile goale,
Din casa insomniei mereu trează,
În care-un ceas mai ticăie agale.

Și ticăitul ceasului transformă,
Ființa mea din aliat, în adversar,
Al ritmului ce bate ca o tobă,
În timpanele somnului ștrengar.

<h2 style="text-align:center">Nu mai avem oameni smeriți</h2>

Nu mai avem oameni smeriți,
Doar oameni foarte grei,
Cu mulți, prea mulți arginți,
Care se cred și dumnezei.

Ei construiesc spitale și biserici,
Spunând că-s faptele umanitare
Și destinate celor mai săraci,
Iar plată pentru aceștia nu se cade.

Dar numără averile-nmulțite
Și au dreptul de-a sta pe jilțurile mari,
În aur îmbrăcate și spoite,
Stau la loc de cinste acești dijmari.

Pereții prin biserici stau spoite,
Cu chipurile lor semețe și trufașe,
Lângă Iisus, cu fală câte unul ne surâde,
Cu fața-i zugravită în grimaze false.

Și ne transmit fără tăgadă,
Că-n astă lume orice locușor,
Chiar și Iisus le este-o mare pradă,
Existând numai din banii lor.

Credinciosul mulțumit li se închină,
Crezând că cinstea lor li se cuvine,
Unii pioși sărută și-a lor mână,
Care le face atât de mult bine.

Bogații aceștia și marii farisei,
Ne arată cum sunt regulile-n lume,
Că doar banii lor sunt marii zei,
Iar omu-i o ființă, care se supune.

Nu trebuie să plângeți

Nu trebuie să plângeți la mormânt,
Voi cei ce mama n-ați iubit-o,
Călcând al vostru legământ,
Față de Domnul ce v-a dăruit-o.

O mamă crește și zece copii,
Le dă o parte din ființa-i sacră,
Ei sunt bătaia inimii,
Prin ei trăiește împăcată.

În timp ce voi cât a trăit,
Ușa n-ați dat-o la o parte,
În prag de mult n-ați mai pășit,
Lăsând-o să se stingă-n singurătate.

Ea v-a dat tot și n-a cerut nimic,
Voi nu i-ați dat nimic vreodată
Și așteptați dintr-un nimic,
Să facă viața voastră mai bogată.

O viață-ntreagă ea v-a dăruit,
Tot ce-a putut s-adune și să-mpartă,
Dar voi oricât de mulți v-ați fi găsit,
N-ați ajutat o inimă să bată.

O mamă este îngerul ce plânge,
Rugându-se întruna la Cel Sfânt,
Pentru copiii ei, inima i se frânge,
Și-ncalcă orice legământ.

De n-ai tu dragoste de-o mamă,
Atunci pe Dumnezeu l-ai lepădat
Și viața ta va fi ca o prigoană,
Așa cum de-a ta mamă ai uitat.

Nu uita

Nu uita să fii om drept,
Că majoritatea uită să fie.
Nu uita să râzi,
Râsul îți face ochii frumoși.

Nu uita să cânți,
Muzica este hrana sufletului.
Nu uita de prieteni,
Pentru că vei rămâne singur.

Nu uita de unde ai plecat,
Așa îți vei aminti unde vei ajunge.
Nu uita să iubești,
Să nu se răcească sufletul.

Nu uita să ierți,
Iertarea aduce sănătate.
Nu uita să fii om bun,
Acest lucru este cel mai important.

O bunică

O bunică stă la coadă,
Telefonul a-ncerca,
De este stricat sau dacă,
Ar mai fi și altceva.

Vânzătorul o întreabă,
Să spună de ce-a venit,
Însă ea întinse-n grabă,
Telefonul său cel mic.

Îl întoarce și-l probează,
Vânzătorul de-a vedea,
Dacă mai funcționează,
Sau poate are ceva.

Însă după ce-a privit,
Vânzătorul i-l întinse,
Spunând că n-are nimic
Și că timpul ei se scurse.

Bătrânica suspinând,
Plecă tristă și îngândurată,
Dar după câteva zile la rând,
Se întoarce înc-odată.

Vânzătorul cel grăbit,
Îi spuse bunicii încetișor,
Că degeaba a mai venit,
Funcționează acel telefon.

Dar bunica întristată,
Îl privi duios, subtil,
Spunând cât de mult așteaptă,
Apel de la vreun copil.

Că-i promise c-o s-o sune,
Dar de mult n-a mai sunat
Și se simte că pe lume,
Toți de ea au cam uitat.

Odă cerului

Mă doare sufletul de-atâta suferință amorțită
Și simțurile mele par să fie biciuite de vânturile
sălbatice,
Când ele stau golite de puterea omenească,
Iar eu le-ntreb:
"De ce atâta nepăsare,
Când viața fierbe și fierbe ca o smoală,
Murdărind nepăsarea de invidie,
În complotul surugiu al zilelor noastre?"
...
Da...
Eu ascult adesea urletul,
Când viața ia o gură de aer proaspăt
Și-l împrăștie peste chipurile de timp vestejite,
Apoi simt din nou suflarea timpului curgând,
Prăbușindu-se peste mine.
Și strig, strig...
Privind către cerul vieții împovărat,
Întrebându-l unde-a dispărut soarele din el,
În timp ce norii stau grăbiți să deschidă
zăgazurile apei vieții.

O lume destinată

O lume destinată pierzării,
Se creionează abitir,
Crezând că va trăi milenii,
Dar ea se-ngroapă-n cimitir.

Corupția, lingușirea și minciuna,
Sunt grei talanți ce le atârnă,
La gâturi unde vezi o urmă,
De lași vânduți pentr-o diurnă.

Ar da orice pentru bani si funcții,
S-au dezbrăcat de tot ce-i omenesc,
Acei mișei cu mari disfuncții,
Adăpostiți în corp ceresc.

Nu știu că vine-o zi ca mâine
Și fulgere din ceruri o s-apară,
Când Dumnezeu va spune: "Ajunge!"
Și-i va azvârli ca pe-o povară.

Omul și puterea

Omului când i s-a dat puterea,
De-a lupta și-a câștiga,
El și-a uitat de mult menirea,
Că sabia e-n mâna sa.

Și-n lupte-a măcinat iubirea,
Prefăcând într-o virtute
Fala slavei, când mândria
Îl mângâia ușor pe frunte.

În măreție și-n putere,
A-ngenuncheat multe popoare,
I-a pus în lanțurile grele,
Ca sclavii să-l slujească cu onoare.

Și astfel omul s-a ajuns,
Din omul drept, plin de dreptate,
Un suflet îngâmfat și adânc pătruns,
De puterea c-o veșnică sete.

O ploaie rece

O ploaie rece-mi curge,
Peste gâtul alb, firav
Și e rece de mă frânge,
Ploaia care n-a încetat!

Curge și mă dezmiardă,
Să-mi simtă răsuflarea,
Răstignită cum stă calmă,
După cum îi spune ploaia.

Și-o atingere plăpândă,
Ca un fel de mângâiat,
Îmi netezește haina udă,
De ploaia ce m-a udat.

Eu tresar, în treacăt parcă,
Vreau să spun că o să plec,
Dar tu n-ai băgat de seamă,
N-ai scos nici măcar un sunet.

Tu stai drept ca o statuie,
Fără a te mai mișca,
Inima-ți nu vrea să știe,
De îndepărtarea mea.

Privind cu tristețe-n urmă,
Încerc o mână s-o ridic,
Dar văd rămasă doar o umbră,
Ce se stinge câte-un pic.

Pasăre frumoasă

Pasăre frumoasă cu chip de rai,
Te rog un pic ca să mai stai,
Să-mi dai un colț din primăvară,
Inima să-mi surâdă iară.

Pasăre frumoasă cu glas de nai,
Ce cântă cântece din rai,
Cu ele sufletul se-nviorează
Și conștiința mea rămâne trează.

Când lacrimi curg la cântul tău,
Pasărea cea dragă a sufletului meu,
Să te ascund cu drag la al meu sân,
Cu tine-n veșnicie să rămân.

Pasăre frumoasă cu glas de turturea,

Cântă-mi și mie cântarea mea,

Ca inima în bucurie să se scalde,

Când te privesc cum zbori prin rămurele.

Părinții noștri au fost români

Părinții noștri au fost adevărații români,
Al acestui neam năclăit de păgâni,
Ei au iubit cu râvnă România
Și au mâncat din țărână cu sudoare pâinea.

Părinții noștri tare greu au muncit
Și pentru țara noastră s-au spetit,
Ei au construit din ruine România,
Dupa războiul ce le-a mâncat copilăria.

Părinții noștri n-au cunoscut traiul bun,
Ei nu știau decât că sunt români,
Munceau din zori și până-n noapte,
Să facă traiul bun copiilor mai departe.

Apoi când bătrâni peste noapte s-au trezit,
Peste ei a răsărit o lume ce n-au mai pomenit,
Cu noi obiceiuri și cu oamenii noi,
Care aruncau munca lor la gunoi.

Și nefericiți au fost când au murit,
Lăsând în urma lor un neam diferit,
Care nu știa a prețui omenia,
Sfintele obiceiuri, pe Dumnezeu și glia.

Noi suntem doar ceea ce-a mai rămas,
Din neamul viteaz din care ne-am tras,
Vii rămășițe c-un sânge zdrențuit,
Cu venele stinse, de-atâta trăit.

Părinții noștri mor

Părinții noștri mor cuminți,
Iar noi privim cum mor,
Am vrea să-i știm că stau ca sfinți,
Să nu-ngrijim de starea lor.

Iar când părinții ni se sting,
Cu inimi pline de tristețe,
Noi n-avem treabă și nici timp,
N-avem nevoie de povețe.

Părinții noștri lasă un gol,
În casa rece, bătrânească,
Dar nu vedem că-n locul lor,
N-are cine s-o locuiască.

Și trecem grăbiți prin viață,
Nici nu simțim prezența lor,
Când ei trăiesc sunt o năpastă
Și nici-o lacrimă când mor.

Dar vine ziua bătrâneții,
Când toate au un timp al lor
Și-ai vrea măcar să vezi părinții,
Să-ți umple sufletul că-i gol.

Atunci privești locuri ce-s goale,
Cu tristețe cuibărite,
Dorești părinții să-ți iasă-n cale,
Să te iubească și să te alinte.

Dar ei nu sunt și-n locul lor,
Tu stai plângând în casă,
Când toate oasele te dor
Și vezi că nimănui nu-i pasă.

Poezii

Scriu pentru inimile sfinte,
Pentru cei ce cartea o deschid,
Să primească învăţăminte,
Venite de undeva, din timp.

Când o carte-or să deschidă,
Inimile să se umple
Şi o dragoste divină,
Să sfinţească a lor frunte.

Să se-mbete de iubire,
De speranţă şi dreptate,
Inimile să le-nchine,
Celui care le-a făcut pe toate.

Inimile să tresară,
Când în lume nu-i dreptate,
Conştiinţa milenară,
Să o simtă, să-i deştepte.

Să rămână învățăminte,
Despre nația română
Și iubirea să-i alinte,
Când inima se sfărâmă.

Să învețe ce-i frăția,
Când necazu-i înfășoară,
Să găsească armonia,
În dragostea lor de țară.

Că-n dragoste-i puternic omul,
Ca să poată muta munții,
El răsare cum e pomul
Și se-nalță ca și sfinții.

Privesc îngândurată

Privesc îngândurată peste geam,
La ploaia ce se trece și timpul lin cade,
Peste crengile pline cu stropii mari pe ram,
Cum se-ndoaie grele sub vântul care șade.

Era cândva, pe-acest pământ,
O lume bună, mult prea sfântă,
Când puritatea era darul sfânt,
A fetei fără avuție multă.

Pe-atunci copilele intrau,
Sfiindu-se neștiutoare-n viață,
De cele lumești nu prea știau,
Căci sfințenia le era povață.

Feciorii plini de dragoste așteptau,
Rodul iubirii lor ca să răsară,
Când fetele cerute se măritau,
Ca sânzienele crescute-n primăvară.

Și pure ca neaua dimineții,
Creșteau copiii dăruiți de Dumnezeu,
Să fie sprijin la mijirea bătrâneții,
Când omului i se sfârșește drumul său.

Privesc noaptea

Privesc în noaptea silențioasă,
Frânturi din amintirile gravate,
Conturul lor adânc se desenează,
Transformând pereții într-o carte.

Și migălos ele se-așează,
Umplând parcă locurile goale,
Din casa insomniei mele trează,
În care-un ceas mai ticăie agale.

Iar ticăitul ceasului transformă,
Ființa mea din aliat, în adversar,
Al ritmului ce bate ca o tobă,
În timpanele somnului ștrengar.

Privesc spre cer

Privesc târziu în noapte,
Pe cerul înstelat
Și gânduri, vise, șoapte,
Toate le-așez grămadă-n cap.

O, Doamne minunat,
Tu plângi acum încet cu mine,
Așterni pe chipul întristat,
Toate promisiunile-ți divine.

Tu plângi acum de bucurie,
Auzind cum buzele-mi te strigă
Și-ntotdeauna numai ție,
Inima mea ți se închină.

Ce slab e omul și stingher,
Când numele ți-l strigă,
Dar nu te vede lângă el,
Cum stai și-l ții de mână!

Tu mă ridici ca pe un fulg,
Nimic să nu m-atingă,
Apoi mă lași pe al meu drum,
Veghind mereu în umbră.

Chiar dacă eu nu te-am văzut,
O, Doamne-ți simt a ta căldură
Și când răpusă am căzut,
Eu am știut că tu veghezi în umbră.

Nu pot la tine a gândi,
Decât c-o bucurie feciorească,
Curată așa ca-n prima zi,
Când am pășit în lumea noastră.

Nici gândul și nici fapta,
Nu pot să le ascund de tine,
Chiar dacă uneori năpasta,
Mă ispitește și pe mine.

În tine inima se-nmoaie,
Când curățenia cerească,
Coboară peste mine ca o ploaie,
Spălându-mi starea pământească.

Știu Doamne că ți-ai coborât,
Îngerii din ceruri pentru mine,
Să mă ridice de-am căzut,
Pân-oi urca în cer la tine.

Privesc umbrele

Privesc cum umbrele coboară,
Peste urmele vestejite,
"Nimic nu este ca odinioară,"
Inima-mi spune ușor în minte.

Și cu gândul răvășit de doruri,
Răsfir peste masa muribundă,
Chipuri și texte cu onoruri,
Ce-au încununat o lume bună.

Apoi coboară tristă și amintirea,
Spre ceea ce a fost odată,
Cu oameni ce-și iubeau menirea,
Trăind o viață minunată.

Avem de toate și tot n-avem odihnă,
Mâncăruri să ne umplem burta,
Mașini și case se ridică,
Dar inimile s-au răcit ca stânca.

Sunt fericiți doar cei ce n-au iubiri,
Că ei nu știu ce-nseamnă suferința,
Lor nu le este dor de nimeni
Și nu cunosc durerea, nici căința.

Trăim în lumea care nu ne aparține,
Văzând cum cei mai buni se duc,
Nu știm ei unde merg din astă lume,
Dar locul lor în inimi sapă adânc.

Nu se mai nasc oamenii de altădată,
Acei bătrâni dintotdeauna,
Indiferent de vârsta lor înaintată,
Știau cum să-ți mângâie inima.

Erau legați de lucrurile sfinte,
Oameni prea buni și drepți,
Cu ei mergeai cu râvnă înainte,
Nu te lăsau în chinuri să-i aștepți.

Acum dacă privești în jur,
Vezi numai fețe chinuite,
Fără de zâmbet, parcă mor,
Cu chipurile lor chircite.

Nu li se-aprind ochii de iubire,
Doar zăngănit de arginţi îi mişcă,
Să-ndrepte paşii spre-o nenorocire,
Ori spre o datorie sfântă.

Rămân cu tine

Rămân cu tine, drag Iisuse,
Chiar dacă toți ne-or ponegri,
Eu știu că darurile promise,
Pe veci tu le vei dărui.

Și nu vreau bogății, nici bani,
Să-mi fie greu să-i port cu mine,
Nici cazne și nici mulți dușmani,
Care n-au loc în astă lume.

Eu vreau doar bogăția cea mai mare,
Inima ta să intru-n ea,
Să nu duc dor și să n-am jale,
Acolo să trăiesc în pacea ta.

Ești bun și cine te cunoaște,
Trăiește-o viață bună și curată,
Cu tine peste tot se însoțește,
Cu tine noaptea stă în șoaptă.

Rănile timpului

Rănile timpului urlă,
În zilele numărate năvalnic,
Ce se scurg fără de urmă,
Lăsând chinul cel năpraznic.

Este mare agonia
Și se apropie mai tare,
Mângâind nefericirea,
Ce-a rămas din lunga jale.

Plâng și pomii de se-ndoaie,
În furtuna de afară,
Apele se scurg șiroaie,
Peste dorul ce coboară.

Și-nchid ochii obosiți,
De atâta așteptare,
Tu continui să eviți,
O posibilă iertare.

Eu te iert, că așa-i mai bine,
Sufletul să se înmoaie,
Cu iertarea de la mine,
Când se urcă la Cel Mare.

Ridică-ți capul

Ridică-ți capul din țărână,
Român pribeag și hăituit,
Că pentru nația română,
Strămoșii noștri s-au jertfit!

N-ai dreptul ca să fii umil,
În țara-n care te-ai născut
Și nici măcar al tău copil,
Nu merită să-l lași vândut.

Ridică-ți capul cu mândrie
Și rupe înțelegerile trădate,
Ce te-au legat pentru vecie,
De străinul care nu ți-e frate.

Tu ai un viitor de construit,
Pentru copiii ce-or să vină,
Iar țara tu ai moștenit,
Fără vreo altă mare arvună.

Nu ai străinilor a da,
Vreun fel de socoteală
Și nici ca să le dai mâncarea,
Să-ți lași copiii tăi să moară.

Tot ceea ce-i pe-al nost pământ,
A noastre trebuie să fie,
Așa cum ne-a dat Domnul sfânt,
Că n-am cerut pomană, nici urgie!

Român contra român

Român contra român,
Acum așa se poartă,
O modă de păgân,
Venită de la înalta poartă.

Fără onoare și fără de glie,
Nici sfântă n-ai voie să fii,
Tu scumpă, dragă Românie,
Țară creștină din vecii.

Pun dări, prea multe datorii,
Pe spatele copiilor ce cresc,
Ei vor trăi mai rău ca robii,
Muncind pentru acei ce huzuresc.

Iar noi nu știm de sunt români,
De sunt născuți în patria mamă,
De au și ei acei străbuni,
Ce-au strâns pământul țării-n mână.

Acei ce-și spun că sunt români
Și c-ar avea o inimă creștină,
Ei au purtarea de străini,
Cu românii din patria străbună.

De ce-am trăit mereu ca frații,
Când chinuiți prin vremuri noi trăiam?
Fără să prețuim arginții,
Cuvântul, era moștenirea acestui neam.

Acum mint fără de rușine,
Lovesc în oameni ca în spice,
Nu mai cunosc cuvântul omenie
Și nici nu se apleacă să-i ridice.

Ruga către Dumnezeu

Doamne, sfânta mea Treime,
Miluiește sufletul și trupul meu păcătos,
Acest trup făcut cu mâinile tale,
Pe care l-ai măsluit cu dragoste aleasă.

Și care apoi se va întoarce în țărână,
Pământul îndurării tale,
Pe care-ai pus un legământ,
Omului care pleacă după ce moare.

Din pământ ne-ai măsluit, Doamne
Și-n pământ ne vom întoarce,
Chiar dacă n-am fost demni de tine,
Tu nu-ți întorci fața de la noi.

Ne privești cu marea ta îndurare
Și te înduri de cei ce se căiesc,
Pentru că așa ne-ai învățat, Doamne,
Să nădăjduim în tine și eu nădăjduiesc.

Să nu risipești

Să nu risipești prin lume,
Viața care ți-a rămas,
Iar locului să nu-i dai nume,
Atunci când ești în impas.

Să te-ntorci în a ta casă,
Ce-ai părăsit-o cândva,
C-ai lăsat florile-n glastră
Și-o mamă ce te aștepta.

Anii au cernut din tine,
Câte-un pic, fără să știi,
Arătându-ți că nu-i cine,
La tine a se gândi.

Și fără să privești în urmă,
Să lași locul părăsit,
Să te-ntorci la a ta mumă,
Până încă n-a murit.

Că bătrânii se sting degrabă,
Cu dorul lor pentru copii
Și de ei nimeni nu-ntreabă,
Nici de focul inimii.

Poezii pentru inima ta

Se înmoaie inima

Se înmoaie inima și plânge,
Când doinele strigă spre cer,
Iar tristețea lor ne frânge,
Amintindu-ne ce-am fost noi ieri.

Popor sortit baladelor sfinte,
Cântate când acest popor,
Înviora și morții din morminte,
Apărându-și pământul de trădători.

Trădați am fost dintotdeauna,
Dar străbunii noștri buni,
Când îi prindeau le tăiau mâna,
Să simtă și ei ce-nseamnă să furi.

De ești flămând, creștinul te-ndeamnă
Din pâinea lui să te cinstești,
Dar de ești hoț, nu vrei pomană,
Atunci mânia lui tu o trezești.

Acum sunt vremuri tare rele,
Când românul nu-i român,
S-a învățat că cel ce-i cere,
Nu-i cerșetor, ci e stăpân.

Te-ai învățat să plângi române,
Că-n vremuri rele te trezești,
Că toți sunt cei ce dau în tine
Și hoardele de hoți tu le hrănești.

Dar a te plânge, crezi române,
Că viața-n liniște o să ai,
Copiii tăi vor avea pâine
Și-or duce-o viață ca în rai?

Se prăvălește lumea

Se prăvălește lumea-n hău
Și nimeni nu mai vede,
Bărbatul se transformă-n fătălău,
Iar femeia nu mai e femeie.

Copilul trebuie să se obișnuiască,
Văzând mămicile cu barbă,
Iar tatăl în rochița femeiască,
Așteaptă să i se spună mamă.

Oare unde-ncepe și cum se termină,
Mânia Domnului cea mare,
Când vede omul cum submină,
A sa putere și-ndurare?

Cât pot să se înjosească,
Cei ce chipul Domnului îl poartă,
Lepădându-și ființa cerească,
Pentru o lume așa toantă?

Se spune

Se spune că era odată,
O lume bună și frumoasă,
O lume tare educată
Și cu o viață mai aleasă.

Lumea aceea din povești,
Era cândva reală,
Cu rude neâmpărătești,
O lume prea normală.

Familia avea copii,
Care mergeau la școală
Și bunicii grijulii,
Ce veneau mereu să-i vadă.

Petreceau ore în șir,
Depănând jocuri și poante,
Învățau de la bătrâni,
Ale vieții daruri toate.

Viața lor se petrecea,
Zi de zi tot împreună,
Nimic nu-i mai despărțea,
Era numai voie bună.

Și-acea lume din povești,
Zugrăvită parcă-n stele,
O cauți s-o mai găsești,
Să-ți aducă mângâiere.

Sub a soarelui căldură

Sub a soarelui căldură,
Ce trufașă mă privește,
O scânteie se gudură
Și pe ochi mă netezește.

Ea coboară-n taină, ascunsă,
Inima să mi-o mângâie,
C-o iubire nepătrunsă,
Din inima-mi de femeie.

Simțuri, planuri, bucurii,
Se trezesc cu patimă,
Când văd ochii azurii,
Cum inima-mi clatină.

Ș-apoi știu că ți-am dat ție,
Inima de patimi prinsă,
S-o păstrezi pentr-o vecie,
Chiar de viața mi-i aprinsă.

Suntem singuri

Noi venim singuri în această lume
Și singuri vom pleca din ea,
Nimeni cu noi nu va apune,
Când viața se va termina.

Măcar un om la căpătâi,
De rănile le-ar șterge,
Plângând să-ți spună să rămâi,
Că inima i se frânge.

Doamne, că-i bună tare alinarea,
Știind că trebuiești cuiva
Și-i mai dulce plecarea,
Știind că lași ceva în urma ta.

Dar când la căpătâi nu-i nimeni,
Nu are cine să te plângă,
Nu curg în șiroaie lacrimi,
Atunci te simți fără vreo rădăcină.

Prin lume ai trecut nemuritor,
Crezând că veșnic vei fi în putere,
N-ai plecat capul către cei ce-i dor,
Sau se sting cu lacrimi și-n durere.

Acum în grea singurătate,
Privești povestea cum se desfășoară,
Ai da zilele tale toate,
Să mai trăiești o clipă ca odinioară.

Suntem străini în țara noastră

Suntem străini în țara noastră,
Chirie peste capete s-au pus,
Nici florile nu înfloresc în glastră,
Că nici bătrâni n-avem și ei s-au dus.

Noi n-avem dreptul la nimică,
Doar muncă, taxe, hangarale,
Nici capul nu se mai ridică,
Căci au grijă alții să ni-l taie.

Nici vorbe să mai spunem,
Ei spun că nu se cade,
Că închisoarea ne așteaptă cu răsunet
Și tot mai des ne dau la gioale.

Că-n aste vremuri de aducere aminte,
Vedem cum n-am înaintat deloc,
Morții nevinovați de prin morminte,
Ne strigă c-au murit doar pentr-un joc.

Un joc al morții gratuite,
Unde scenarii ni s-au spus,
S-au șters istorii și morminte,
Chiar vor să-l șteargă pe Iisus.

Cuvântul libertate este-o melodie,
Cântată de șăgalnicii ștrengari,
Că ei se mai încumetă să știe,
Că avem drepturi de mămăligari.

Sunt oameni singuri

Sunt oameni ce nu sunt iubiți
Și de la oameni ei cerșesc iubire,
Plătind iubirea cu arginți,
Pentru o clipă de fericire.

De Dumnezeu sa fiți iubiți,
Aceasta-i singura iubire,
Ce ține loc și de arginți
Și de orice umbră de omenire.

Căci omul dacă te-a iubit cândva,
Părinte, prieten sau ce i-ai fost,
El te-a iubit atunci când a primit ceva,
Ori prezența ta când mai avea un rost.

Dar să nu ceri nicicând iubire,
Sufletelor care n-o pot da,
Că vei primi doar amăgire
Și nu va fi decât pierderea ta.

Sufletul de gheață dă o strălucire
Și luminează numai pentr-o vreme,
Până ce soarele răsare-n tine
Și de lumina lui se teme.

<h1 style="text-align:center">Sunt prea mulți</h1>

Sunt prea mulți cei care,
Vă mințesc plângând,
Stând pe la amvoane
Și în primul rând.

Fiecare strigă-n gura mare,
Spunând că Dumnezeu,
Stă în adunare
Doar în cultul său.

Și-au făcut prin lume,
Doar bisericuțe,
Mintea să v-o fure,
Fără să vă cruțe.

Ei spun că Dumnezeu,
Doar la ei mai șade,
Restul este-n hău
Și lumea se prăvale.

Însă ei nu văd,
Trăind în minciună
Și-n mare prăpăd,
Promițând o lume nebună.

Îți fură credința,
Îndepărtând pe Dumnezeu
Și confundă pocăința,
Fiecare-n felul său.

Ei îți spun că-s pocăința
Și cine la ei cinează,
Va atinge biruința,
Lumii care se așează.

Însă vagă li-i menirea,
Când ei cred că Dumnezeu,
Le-a dat lor toată mântuirea,
Încetându-și rolul său.

Și de va fi

Și de va fi odată ca să plec,
Din lumea aceasta oropsită,
Peste meleaguri să petrec,
Eu n-oi pleca nefericită.

Vă las eu vouă gândul meu,
Să vă-nsoțească de e noapte,
Atunci când veți vedea că eu,
Am plecat cândva departe.

Vă las aici când o să plec,
Pioasă, scumpă amintire,
Un șir cu rânduri lungi și-ntreg,
În care să citiți de mine.

Acolo multe eu v-am pus,
De ați putut vedea,
Gânduri curate v-am trimis
Si crâmpeele din viața mea.

Atunci când întunericul se lasă,
Peste pleoape ce se ating,
Rămâi cu bine lume aleasă,
Ce-ai petrecut cu mine un timp!

Și vine-o zi

Și vine-o zi,
În care steaua mea
Va înceta a străluci,
Iar eu voi pregăti plecarea.

Acest tablou de mult l-am desenat,
Punând în el doar prețioase amintiri,
Ce am făcut și ce-am lăsat,
Când eu scriam în nopțile târzii.

Ce binecuvântată îmi este menirea,
Să scriu în miez de noapte poezii,
Să intru în contact cu Dumnezeirea,
Ce-mi mângâie mâinile și ochii.

Cu lacrimi uneori amestecate
Și cu dureri de mâini deloc plăcute,
Scriam, punând gânduri curate,
Dorințe, vise și lucrurile mărunte.

Înviorau inima-mi plăpândă,
Trăind, iubind acele clipe,
Cu lacrimi care mai inundă,
Pleoapa de somn când se ridică.

Nimic mai minunat nu se putea,
Ca Dumnezeu să-mi dăruiască,
Din gânduri să-mi transform povestea,
Într-o mărturie Dumnezeiască.

A fi poet, nu este-o joacă,
E-un dar ce te apropie de Dumnezeu,
Atinge inimile-n treacăt
Și dă speranță sufletului greu.

Șoapte-n miez de noapte

Șoapte adâncite-n miez de noapte,
Care mângâie auzu-ncetișor,
Deșteaptă dorurile toate,
Spre care aș dori să zbor.

Mă tot poartă peste vremuri,
Căutând în somnu-adânc,
Senzații ce te cutremuri,
Când te-ncearcă rând pe rând.

Și pierzând fără de știre,
Ale timpului secunde,
Tot alerg, alerg spre tine,
Să văd unde te-i ascunde.

Inima încet îmi bate,
Lacrimi se scurg pe obraz,
Șoapta strigă și se zbate,
Să-mi facă mie necaz.

Numai gândul meu mai fuge,
După șoapte azvârlite-n noapte,
Când inima mi-o străpunge,
Dorul meu cuprins de șoapte.

Te-ai înălțat la cer Iisuse

Te-ai înălțat la cer Iisuse,
Copil ales dintre copii,
Ai Domnului din cer ce zise,
Că tu ești fiul cel dintâi.

Iertare, dragoste și sacrificii,
Ai strâns în inima ta cea mare,
Șezând ca jertfă-ntre copii,
Când răstignit ai fost între piroane.

Ai spus doar:"Iartă-i Doamne,"
Când tu de mult i-ai tot iertat,
Știind că vei veni în lume,
Să scapi poporul de păcat.

Tot ceea ce a fost

Tot ceea ce a fost,
Vedem cum s-a tot dus,
Omul ce-n lume avea un rost,
La ceruri a fost dus.

Știi că pe lume ești adus,
Cu mare fală, bucurie,
Așa cum Dumnezeu a spus,
Să fii a lui mândrie.

Dar viața, oamenii te schimbă,
Făcând din viața ta calvar,
Sau poate-o viață-n tihnă,
Să nu se treacă-n van.

Dar omule, când ești pe la apus
Și anii ți s-au numărat,
Oricât ai fi de sus,
Să nu uiți cine ți i-a dat!

Omul cu înțelepciune știe,
Că lumii trebuie să-i lase,
Ce-a moștenit el din pruncie,
Atunci când se întoarce acasă.

Copil în suflet și-n simțire,
Sufletul să se întoarcă,
Lăsând în urmă doar o amintire,
Celor ce l-au iubit vreodată.

Tot ne-ați luat

Tot ne-ați luat voi, pui de draci,
Traiul, graiul străbun și glia,
Ne-ați făcut să fim stângaci,
În a iubi țara noastră, România.

Tot ne-ați luat și ne-ați vândut,
Ca pe-o marfă ce vă aparține,
Dar ați uitat că suntem neam de lup
Și că vom muri cu voi de gât, știti bine.

Tot ne-ați luat și-ați omorât,
Chiar sufletul vreți să vă aparțină,
Dar cât suntem pe-acest pământ,
Nu vom tăcea, până n-om fi-n țărână.

Trăiesc

Trăiesc doar cei ce-n luptă,
Își odihnesc trăirea,
Ei nu se lasă și înfruntă,
Luptând năpraznic cu sclavia.

Iar pentru cei ce mor,
De mor în acceptare,
Tu să nu mori în locul lor,
Că sacrificiul tău este prea mare.

Trăim într-o lume

Trăim într-o lume în care,
Bogații vor să aibă tot mai mult,
În timp ce copiii mor de foame,
În țările sărace de pe acest pământ.

Trăim într-o lume atât de mare,
Unde se strigă pace, dar se vrea război,
Vânzându-se tot mai multe arme,
Despoind oamenii flămânzi și goi.

Trăim într-o lume nebună,
Unde politică fac oamenii săraci și bogați,
Chiar de săracii ajung să rămână,
Pe veci vânduți și amanetați.

Trăim într-o lume în care popii,
Sunt purtați în jilțurile de aur,
De sclavii ce-și pleacă în jos ochii,
Fără să vadă că poartă-un balaur.

Și-această stranie și săracă lume,
Ce seamănă mai mult cu un iad,
Nu știm ce va fi si când va apune,
Că mult, prea mult s-a stricat.

Trăiri

M-am însoțit cu durerea,
Ea mi-a fost prietenă pe pământ
Și am crezut că ea-i menirea,
Omului iertător și omului sfânt.

Apoi m-am însoțit cu tristețea,
Credeam că ochii plânși ai mei,
Vor întâmpina blândețea,
Cu dragostea și firea ei.

Dar nu m-a ocolit nici necazul
Și el a rupt mereu din mine,
De multe ori spălând obrazul,
Cu lacrimi amare și suspine.

Însă puterea a venit,

Peste toate să le stăpânească,

Să nu mă ostenesc chiar din nimic

Și nici lacrimi să nu pornească.

M-am ridicat ca din păcat,

Cu mâna ștergându-mi obrazul,

Gândind că tatăl meu cel drag,

Trimite ajutor să-mi treacă necazul.

Țara noastră aur poartă

Țara noastră aur poartă,
Peste straiele țesute,
De mâini dibace ce-altădată,
Puteau să miște chiar și-un munte.

Oare știți voi toate acestea,
Pui de daci și de romani,
Că iubindu-vă credința,
Voi sunteți oamenii rari?

Căci iubirea-i arma sfântă,
Care-o ții sub căpătâi,
Nimeni n-are s-o atingă,
Domnul este cel dintâi!

Țara suntem eu și tu

Țara suntem eu și tu, române,
Cu înțelepciunea ta ce-o ai,
De știi că-n urma ta rămâne,
Un colțișor micuț din rai.

Copilul ce-l aduci pe lume,
Să fie născut din români,
Să-i dai tu românescul nume,
Să ne păzești nația de păgâni.

Dar de vei înceta a pune,
Nume românesc copilului tău drag
Și-l vei amesteca prin lume,
Atunci să nu te superi că-i pribeag!

A-ți pierde țara, neamul, graiul,
Înseamnă singur să trăiești
Și plin de dor să îți duci traiul,
Prin locuri ce nu-s românești.

Vă plac doar proștii

Vă plac și urmăriți doar proștii,
În jilțurile mari să-i ploconiți,
Punându-i să conducă-n fruntea oștii
Și până la pământ vă îndoiți.

Unde-s oamenii cu-nțelepciune
Și oamenii cu bunul simț?
Este posibil ca-n astă națiune,
De oamenii integri noi să fim lipsiți?

Cine-a sădit în voi purtări sfinte,
Bogății scumpe și vaste?
Ați uitat de-nvățăminte
Și de darurile noastre?

Ce-o fi în viitorul care vine,
De voi nu știți ce-i bine și ce-i rău?
Veți fi conduși ca pe jivine,
De cei lipsiți de Dumnezeu?

Este grea palma adevărului,
Când apasă pe orişice obraz,
Dar noi trăim în lumea răului,
Care se ridică mai mare şi viteaz.

În timp ce noi trăim fără de vlagă
Şi zilnic cu promisiuni ne tot hrănim,
Viaţa se transformă în pârloagă,
Distrugând viitorul, puţin câte puţin.

Voi ce țineți frâul țării

Voi ce țineți frâul țării,
Nu v-ar mai răbda pământul,
Să plecați în largul zării,
Să vă-nghită nemărginitul!

Copiii au plecat departe,
Satele-au rămas pustii,
Voi spuneți că nu se poate
Și-i trimiteți prin străini?

Au rămas bătrânii țării,
Unii sunt ca cei demult,
Alții sunt ca iarba mării,
Ce se-ndoaie după vânt.

Ne-ați furat totul din țară,
Ne-ați furat și ați vândut,
Ne-ați făcut și de ocară,
Printre neamuri, unde-ați vrut!

Nu v-ar mai răbda pământul,
Cu legi ce-au înlocuit,
Legea mamei și cuvântul,
Ce oameni sfinți au șlefuit!

Lepre slute și avare,
Fără inimi, fără minte,
Vor veni vremuri amare,
Peste-a voastre oseminte!

Zi după zi

Zi după zi,
Îmi cade câte-o petală,
Din florile copacului îmbătrânit,
Al vieții mele efemeră.

Zi după zi,
O şuviță mai rebelă,
Izvorăşte în părul meu,
Cu atâta gingăşie şi atâta măiestrie!

Zi după zi,
Văd cum soarele,
Mă priveşte parcă mai mult,
De pe cerul atât de-ndepărtat.

Zi după zi,
Simt cum paşii mei,
Încep să calce pe urme dumnezeieşti,
Bătătorite pentru mine, ca să nu mă rătăcesc.

Poezii pentru inima ta

Zi după zi,
Mă îndepărtez,
De toate cele lumești,
Atât de grele și apăsătoare ființei mele.

Și zi după zi,
Îi mulțumesc celui care-a creat,
Această lume atât de mare,
În care poți să te pierzi pe unde vrei.

Și zi după zi,
Mă întreb: "Oare câți oameni văd,
Frumusețile acestei lumi? "

Despre autor

Ştefania Rotariu s-a născut pe 27 decembrie 1963, în localitatea Suceviţa, judeţul Suceava, România. Şi-a petrecut o parte din copilărie în frumoasa Bucovină, unde a fost sădită sămânţa inspiraţiei. Ea a început să scrie poezii de la o vârstă fragedă, adunându-le de-a lungul anilor. Poeziile scrise pe caiete, au fost ulterior rescrise la o maşină de scris veche şi legate, păstrându-le până la publicare. Urmează cursurile Universităţii de Drept din Timişoara, România, dar se retrage în ultimul an de studii, îndreptându-se către o carieră în domeniul IT, în care se dedică până-n anul 2007, când părăseşte România şi se îndreaptă către Spania, unde locuieşte 3 ani. Ea se întoarce în România în primăvara anului 2010 şi rămâne până la sfârşitul anului, părăsind din nou România pentru a se stabili în Anglia. Acolo urmează cursurile universitare pentru a lucra ca ingineră în telecomunicaţii, după care urmează alte cursuri universitare pentru a se specializa în securitatea cibernetică. Străinătatea îi aduce satisfacţii şi banii necesari pentru a publica, cărţile scrise şi pregătite pentru tipărire. Viaţa departe de ţară şi de cei dragi, a făcut-o mai puternică în luarea deciziilor, să ştie cum să-şi croiască o viaţă-n care visele ei să devină realitate. Dar cum nimic nu se realizează fără sacrificii, sănătatea ei s-a deteriorat de-a lungul anilor, făcând-o să efectueze mai puţine activităţi. Aşa că, în restul timpului pe care i-l oferă viaţa, ea a decis să traducă toate cele 6 volume de poezii din limba română, în limba engleză, publicate până-n 2024. În plus, a publicat în 2024 cărţile: "CUGETĂRI" în limba română; "MEDITATIONS" în limba engleză şi Volumul 6 **"Poezii pentru inima ta"**.

Debut editorial

Publicarea volumului I de poezii (POEZII PENTRU INIMA TA) în vara anului 2012 (America); volumele II, III de poezii publicate în vara anului 2014 (Anglia); volumele IV, V de poezii publicate în februarie 2023 (Anglia); CUGETĂRI, carte publicată în vara anului 2024 (Anglia) şi MEDITATIONS, carte publicată în limba engleză, în vara anului 2024; volumul VI de poezii publicate în 2024 (Anglia). Se dedică vieţii culturale şi devine membră a Uniunii Scriitorilor din Anglia în anul 2012, în 2017 devine jurnalistă britanică şi în 2020 primeşte calificativul de jurnalistă internaţională. Lucrează un an cu televiziunea FRP TV, ca moderatoare si realizatoare a emisiunii "În Căutarea Adevărului", continuând cu munca jurnalistică. Participă la Festivalul Internaţional de Poezie şi Epigramă (Romeo şi Julieta la Mizil) şi la Colecţia Antologică de Poezie (Cu Patria în Suflet - de drag, de jale şi de dor) în România. Colaborează cu diferiţi solişti, punând versurile pe muzică, distribuite pe YouTube.

Prietenia este un dar minunat.
Pentru tine, drag prieten,
Stefania.

Stefania Rotariu

Viața este o bucurie, dacă știi să iei ce-i mai bun din ea.
Frumusețea este un dar de la Dumnezeu, dacă știi să-l prețuiești.
Dragostea nu se poate descrie în cuvinte, ci doar se poate simți.
Prietenia este cel mai frumos cadou, pe care-l poți face unui om.
Zâmbetul tău, poate înviora o inimă tristă și abătută.
Sacrificiul tău, poate salva o viață fără speranțe.